FICHA CATALOGRÁFICA

(Preparada na Editora)

Xavier, Francisco Cândido, 1910-2002.

X19i    *Indulgência* / Francisco Cândido Xavier,
Emmanuel. Araras, SP, 6ª edição, IDE, 2023.

96 p.:

ISBN 978-65-86112-44-3

1. Espiritismo 2. Psicografia-Mensagens
I. Emmanuel. II. Título.

CDD-133.9
-133.91

Índices para catálogo sistemático:

1. Espiritismo 133.9
2. Psicografia: Mensagens: Espiritismo 133.91

# INDULGÊNCIA

ISBN 978-65-86112-44-3

6ª edição - junho/2023

Copyright © 1989,
Instituto de Difusão Espírita - IDE

Conselho Editorial:
*Doralice Scanavini Volk*
*Wilson Frungilo Júnior*

Produção e Coordenação:
*Jairo Lorenzeti*

Capa:
*Samuel Carminatti Ferrari*

Diagramação:
*Maria Isabel Estéfano Rissi*

Parceiro de distribuição:
*Instituto Beneficente Boa Nova*
Fone: (17) 3531-4444
www.boanova.net
boanova@boanova.net

Impressão e acabamento:
*PlenaPrint*

INSTITUTO DE DIFUSÃO ESPÍRITA - IDE

Rua Emílio Ferreira, 177- Centro
CEP 13600-092 - Araras/SP - Brasil
Fones (19) 3543-2400 e 3541-5215
CNPJ 44.220.101/0001-43
Inscrição Estadual 182.010.405.118

www.ideeditora.com.br
editorial@ideeditora.com.br

*Todos os direitos reservados. Nenhuma parte desta publicação pode ser reproduzida, armazenada ou transmitida, total ou parcialmente, por quaisquer métodos ou processos, sem autorização do detentor do copyright.*

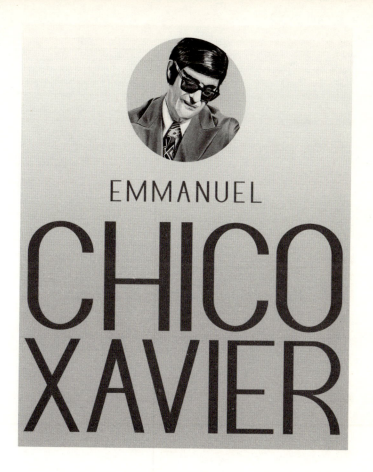

# EMMANUEL
# CHICO XAVIER

## INDULGÊNCIA

ide

# Sumário

1 - Indulgência .................................................. 11
2 - Recapitulação ............................................. 15
3 - O valor da fé ............................................... 19
4 - Reencarnação .............................................. 23
5 - Proteção ..................................................... 27
6 - Plantas e almas ........................................... 31
7 - Perdão e vida .............................................. 35
8 - Propaganda viva .......................................... 39
9 - Fatalidade .................................................. 43
10 - O melhor esforço ........................................ 47
11 - Inimigo real ................................................ 51
12 - Jugo mental ............................................... 55
13 - Justiça e amor ............................................ 59
14 - Ver ........................................................... 63
15 - Variações sobre a caridade ........................... 67
16 - Pela boca ................................................... 71
17 - Pensamento cristão ..................................... 75
18 - Hoje é o dia ............................................... 79
19 - Fórmula do progresso ................................... 83
20 - Evangelho em casa ...................................... 87

*Francisco Cândido Xavier* ................................. 91

Chico Xavier

"

# A indulgência
# é a outra face
# da caridade.

"

**Emmanuel**
Uberaba, 20 de janeiro de 1989.

Chico Xavier

# 1
# Indulgência

CONCEDEU-TE O SENHOR:

O berço em que nasceste.

O ar em que respiras.

O lar que te abençoa.

O sol que te ilumina.

O corpo em que estagias.

O passo equilibrado.

A escola que te auxilia.

A lição que te acolhe.

O amigo que te ampara.

O pão que te alimenta.

A fonte que te acalma.

A ação que te renova.

A fé que te sustenta.

O afeto que te nutre.

A flor que te consola.

A estrela que te inspira.

A ideia e o sentimento.

A bondade e a alegria.

O trabalho e o repouso.

A oração e a esperança...

Ante a Eterna Indulgência

Com que o Céu te acompanha,

Sê também complacente

E usa a misericórdia

Para que a Paz Divina

Permaneça contigo,

À maneira de luz

Que te guarde hoje e sempre.

Ainda que tudo te pareça, na atualidade terrestre, sombra e derrota, cadeia e desalento, ergue a Deus o teu coração em forma de prece e roga-lhe forças para fazer luz e confiança onde a treva e o desespero dominam, porque se ontem foi o tempo de nossa morte na queda, hoje é o dia de nossa abençoada ressurreição.

Chico Xavier

# 2
# Recapitulação

CADA DIA, NA TERRA, A VIDA SE TE RECO-
meça no coração.

Cada nascer do sol é nova luz para que aí
nos desfaçamos da sombra que ainda nos obs-
curece o espírito.

E, nos círculos da evolução em que ainda
te agitas, a claridade matinal é como que o con-
vite sempre renovado para as obras do bem.

A Infinita Bondade do Céu te apagou a
lembrança temporariamente, a fim de que o

esquecimento te valorize a movimentação da consciência sempre livre para escolher.

Não te detenhas em dúvidas e incertezas.

Vale-te do dia para a sementeira do bem.

Cada pessoa que te busca é alguém que regressa de longe para auxiliar-te na edificação da felicidade ou para auxiliar-te no aprimoramento interior que necessitas desenvolver.

Cada problema que te preocupa é serviço que deixaste à distância, sem solução, retornando-te à esfera de trabalho, para o aclaramento do raciocínio ou para a melhoria do coração.

Cada sofrimento é uma sombra que estendeste no passado e que volta ao presente, a fim de que a transformes em luz.

Cada aflição que te requisita a alma é o espinheiro que cultivaste no pretérito a reaproximar-se de ti, para que convertas os acúleos antigos em flores de amor para a imortalidade.

Vale-te das bênçãos do olvido temporário e dos valores potenciais de cada dia, trabalhando em favor da própria elevação, porque, mais tarde, a memória ser-te-á restaurada no santuário interno e abençoarás a dor e a luta de agora por preciosos recursos de reajuste, concórdia e sublimação.

O valor da fé

Chico Xavier

# 3
# O valor da fé

DISCUTIRÁS EM NOME DA FÉ, CONTUDO, quase sempre, ao fim de preciosos duelos verbais, não terás atirado ao caminho dos semelhantes senão a labareda da violência ou o veneno do despeito e do ódio.

Combaterás por ela, mobilizando armas e tribunais terrestres, no entanto, ao término da luta, muitas vezes, não recolhes senão as brasas do desespero e o fel da desilusão.

E fácil ser-nos-á sempre criticar em seu nome, desaprovar ou ferir, pretendendo exaltá-

-la, e perturbar e destruir, na suposição de favorecer-lhe o desenvolvimento e a ascensão, porque, todos somos capazes da atitude obstinada ou da palavra contundente para consolidar-lhe os princípios, segundo o nosso modo personalista de ser.

Entretanto, Jesus ensinou-nos a cultivar o verdadeiro tipo de fé suscetível de erguer-nos da sombra para a luz.

Ele que mantinha inalterável comunhão com o Pai Celeste, jamais guerreou em Seu Nome, a pretexto de advogar-Lhe a soberania.

Em nome da fé, entregou-se, incansável, ao serviço de amparo às necessidades humanas, antes de veicular-lhes os avisos e ensinamentos.

Consagrando-a, passou no mundo, auxiliando e amando, servindo e perdoando, infinitamente, sem mesmo recorrer à qualquer proteção legal da justiça, quando escarnecido na prisão injusta e dilacerado na cruz do crime.

É que o Mestre, em silêncio, revelou-nos, sublime, que a coragem real da fé será sempre aquela que plasma no exemplo vivo de trabalho e abnegação, humildade e renúncia, a mensagem fundamental de sua irresistível lição.

Chico Xavier

# 4
# Reencarnação

Sem a chave da reencarnação, a vida inteira reduzir-se-ia a escuro labirinto.

De existência a existência, no mundo, nossa individualidade imperecível sofre o desgaste da imperfeição, assim como o aprendiz, de curso a curso, na escola, perde o fardo da ignorância.

Compreendendo semelhante verdade, saibamos valorizar o tempo, no espaço terrestre, realizando integral aproveitamento da oportunidade que o Senhor nos concede, entre as criaturas, acumulando em nós as riquezas do Conhecimento Superior e os tesouros da sublimação pelo aprimoramento de nossas qualidades morais.

Lembremo-nos de que nunca iludiremos a vigilância da Lei.

Na Terra, a organização judiciária corrige tão somente os erros espetaculares, expressos nos crimes ou nos desregramentos que compelem os missionários da ordem a drásticas atitudes, segregando a delinquência na penitenciária ou no hospital, derradeiros limites do desequilíbrio a que se acolhem os trânsfugas sociais.

Todavia, é imperioso reconhecer que todas as nossas falhas são registradas em nós mesmos, constrangendo a Justiça Eterna a providências de reajuste em nosso favor, no instituto universal da reencarnação, que dispõe de infinitos recursos para o trabalho regenerativo.

De mil modos, ilaqueamos no corpo físico a atenção dos juízes humanos, nos delitos ocultos, exercitando a perversidade com inteligência, oprimindo os outros com suposta humildade, ferindo o próximo com virtudes fictícias, estragando o equipamento corpóreo sem qualquer consideração para com os empréstimos divinos e, sobretudo, explorando os irmãos de luta com manifesto abuso de nossos poderes intelectuais...

No entanto, por isso mesmo também, renascemos sob doloroso regime de sanções, dilacerados por nós mesmos, nas possibilidades que outrora desfrutávamos e que passam a sofrer frustrações aflitivas.

Moléstias do corpo e impedimentos do sangue, mutilações e defeitos, inquietações e deformidades, fobias complexas e deficiências inúmeras constituem pontos de corrigenda do nosso passado que hoje nos restauram à frente do futuro.

Cultivemos, desse modo, o coração nobre no vaso da consciência reta para que a planta de nossa vida se levante para o Hálito de Deus, porquanto basta a boa vontade na sementeira do amor que o Mestre nos legou para que a multidão de nossos débitos seja coberta e esquecida pela Divina Misericórdia, possibilitando o soerguimento de nosso espírito, até agora arrojado ao lodo de velhos compromissos com a sombra, na subida vitoriosa para a Luz Imortal.

# Prefácio

*Chico Xavier*

# 5
# Proteção

No limiar da experiência física, a consciência responsável roga à Providência Divina a proteção real de que necessita, com vistas à própria redenção nos planos da luz eterna.

Há quem rogue a mudez para resgatar débitos contraídos no verbo desvairado.

Há quem peça a cegueira para recompor no campo íntimo a reflexão viciada.

Surge quem pede a fealdade para não cair em velhas seduções da máscara transitória.

Surge quem roga a mutilação para saldar

dívidas clamorosas, assumidas no mundo com a liberdade dos movimentos.

Há quem suplica o infortúnio do corpo para corrigir os abusos da alma e há quem reclama a pobreza para fugir às tentações do ouro em excesso.

Entretanto, atravessada a porta do berço, a alma retoma as tendências antigas que lhe presidiram no passado a estranha felicidade da sombra e modifica os petitórios, exigindo reconforto e vantagens terrestres e recusando o remédio que lhe poderia restituir a saúde espiritual.

Se acordaste, assim, para a realidade, não relegues a cruz salvadora de tuas inibições à furna do desespero.

Suporta as dificuldades com amor, na certeza de que a morte virá um dia aclarar-te o pensamento e devolver-te a visão.

É natural solicites socorro à Infinita Bondade, no entanto, não rogues serviço conforme a tua capacidade, mas, sim, capacidade segundo o serviço que te compete.

Recorda que a dor, a luta, a enfermidade e o desencanto são instrutores da verdade que nos salvará, soberana, e por isso, transportando contigo o madeiro de tuas penas, pede ao Senhor ombros fortes para sustentá-lo, de vez que, qual aconteceu com o Divino Mestre, é dos braços de tua própria cruz que desferirás o voo divino à Vitoriosa Imortalidade.

Chico Xavier

# 6

# Plantas e almas

AS ALMAS, NO FUNDO, SÃO SEMELHANTES às plantas no campo imenso da vida.

Repara, desse modo, o que produzes.

Corações isolados na sensibilidade egoística, receando dissabores no relacionamento com o próximo, parecem cardos amargosos na terra seca.

Verbos maledicentes que encontram motivo para a crítica destruidora, nos menores acontecimentos de cada dia, simbolizam a urtiga brava, sempre disposta a ferir.

Inteligências ruidosas na reiterada exposição de nobres ideais que nunca realizam, lembram arbustos ricos de folhagem, que jamais se confiam à frutescência.

Companheiros ociosos e entediados da luta humana, em fuga das elevadas obrigações que o mundo lhes assinala, oferecem pontos de contato com o cipó absorvente que, enlaçado a outras plantas, lhes suga a vitalidade e lhes furta a existência.

Almas em sofrimento constante que sabem cultivar a fé e a esperança, ofertando a quem passa os melhores testemunhos de amor e coragem são roseiras abençoadas, produzindo flores de paz e alegria, sobre os espinheiros terrestres.

Espíritos generosos e amigos, que buscam a intimidade com a luz da compreensão e do serviço, apresentam similaridade com as copas opulentas, sempre habilitadas a socorrer quem lhe procura o regaço acolhedor, com a sombra refrigerante ou com o fruto nutriente.

Irmãos prestimosos parecem valiosas plantas medicinais, cuja essência consegue curar inquietações e feridas.

Espíritos benevolentes e sábios, no apoio incessante à Humanidade, surgem por troncos veneráveis, de que o homem retira a madeira de lei para o lar que lhe serve de berço e templo, escola e moradia.

Observa o que fazes.

Por tuas demonstrações e exemplos no recanto em que o Senhor te situou, o mundo conhecer-te-á, de perto, e abençoará ou corrigirá tua vida.

*Chico Xavier*

# 7

# Perdão e vida

PERDÃO É REQUISITO ESSENCIAL NO ER-
GUImento da libertação e da paz.

Habituamo-nos a pensar que Jesus nos
teria impulsionado a desculpar "setenta vezes
sete vezes" unicamente nos casos de ofensa à
dignidade pessoal ou nas ocorrências do delito
culposo, entretanto, o apelo do Evangelho nos
alcança em áreas muito mais extensas da vida.

Se somamos as inquietações e sofrimentos
que infligimos a nós mesmos por não perdoar-
mos aos entes amados pelo fato de não serem

eles as pessoas que imaginávamos ou desejávamos fossem, surpreenderemos conosco volumosa carga de ressentimento que nada mais é senão peso morto, a impelir-nos para o fogo inútil do desespero.

Isso ocorre em todas as posições da vida. Esquecemo-nos de que nenhum ser existe imobilizado, que todos experimentamos alterações no curso do tempo e não relevamos facilmente os amigos que se modificam, sem refletir que também nós estamos a modificar-nos diante deles.

Casamento, companheirismo, equipe, agrupamento e sociedade são instituições nas quais é forçoso que o verbo amar seja conjugado todos os dias.

Na Terra, esposamos alguém e verificamos, muitas vezes, que esse alguém não é a criatura que aguardávamos; entregamo-nos a determinados amigos e observamos que não correspondem ao retrato espiritual que fazíamos deles; ou abraçamos parentes e colegas para a execução de certos empreendimentos e notamos, por fim, que não se harmonizam com os nossos planos de trabalho e passamos a sofrer pela incapacidade de tolerar as condições e realidades que lhes são próprias.

Reflitamos, no entanto, que os outros se alteram à nossa frente, quase sempre na medida em que nos alteramos para com eles.

Necessário compreender que, se todos nós somos capazes de auxiliar a alguém, ninguém pode mudar ninguém, através de atitudes compulsórias, porquanto cada criatura é uma criação original do Criador.

Aceitemos quantos convivam conosco, tais quais são, reconhecendo que, para manter a bênção do amor entre nós, não nos compete exigir a sublimação alheia e, sim, trabalhar incessantemente e quanto nos seja possível pela própria sublimação.

Chico Xavier

# 8
# Propaganda viva

APRENDAMOS A ENSINAR A PRÓPRIA FÉ nas páginas vivas da natureza humana.

Há diversos modos de exaltá-la: na música da esperança para os corações desalentados e abatidos.

Na bênção da alegria e segurança na alma das criancinhas relegadas ao abandono.

Na dissertação viva de reconforto e consolação nos gestos de compreensão e bondade para com os irmãos desamparados e tristes.

Na melodia da paz, nas expressões de fraternidade e carinho para com os doentes.

No celeiro de graças que venhamos a entesourar, na vida em comum com os familiares e amigos.

Na plantação de confiança renovadora, através da correção de nosso próprio comportamento, diante de quantos nos seguem e observam os passos.

Grande é a lição de nossa Consoladora Doutrina, por intermédio da palavra falada ou escrita, entretanto, aqueles que puderem e quiserem fazer, além dela, a propaganda viva das próprias convicções, nas bases do entendimento e do amor, estarão realizando na Terra, com Jesus, a verdadeira construção do Reino de Deus.

Recorda que a dor, a luta, a enfermidade e o desencanto são instrutores da verdade que nos salvará, soberana, e por isso, transportando contigo o madeiro de tuas penas, pede ao Senhor ombros fortes para sustentá-lo, de vez que, qual aconteceu com o Divino Mestre, é dos braços de tua própria cruz que desferirás o voo divino à Vitoriosa Imortalidade.

Chico Xavier

# 9
# Fatalidade

A FATALIDADE DO MAL É SEMPRE UMA criação devida a nós mesmos gerando, em nosso prejuízo, a provação expiatória, em torno da qual passamos compulsoriamente a gravitar.

Semelhante afirmativa dispensa qualquer discussão filosófica, pela simplicidade com que será justo averiguar-lhe o acerto, nas mais comezinhas atividades da vida comum.

Uma conta esposada naturalmente é um laço moral tecido pelo devedor à frente do credor, impondo-lhe a obrigação do resgate.

Um templo doméstico entregue ao lixo

sistemático transformar-se-á com certeza num depósito de micróbios e detritos, determinando a multiplicação de núcleos infecciosos de enfermidade e morte.

Um campo confiado ao império da erva daninha converter-se-á, sem dúvida, na moradia de vermes insaciáveis, compelindo o lavrador a maior sacrifício na recuperação oportuna.

Assim ocorre em nosso esforço cotidiano.

Não precisamos remontar a existências passadas para sondar a nossa cultura de desequilíbrio e sofrimento.

Auscultemos a nossa peregrinação de cada dia.

Em cada passo, quando marchamos no mundo ao sabor do egoísmo e da invigilância, geramos nos companheiros de experiências as mais difíceis posições morais contra nós.

Aqui, é a nossa preguiça, atraindo em nosso desfavor a indiferença dos missionários do trabalho, ali é a nossa palavra agressiva ou impensada, coagulando a aversão e o temor, ao redor de nossa presença.

Acolá, é o gesto de incompreensão, provocando a tristeza e o desânimo nos corações interessados em nosso progresso, e, mais além, é a própria inconstância no bem, sintonizando-nos com os agentes do mal...

Lembremo-nos de que os efeitos se expressarão segundo as causas e alteremos o jogo das circunstâncias, em nossa luta evolutiva, desenvolvendo, conosco e em torno de nós, mais elevada plantação de amor e serviço, devotamento e boa vontade.

"Acharás o que procuras" – disse-nos o Senhor.

E, em cada instante de nossa vida, estamos recolhendo o que semeamos, dependendo da nossa sementeira de hoje a colheita melhor de amanhã.

Moléstias do corpo e impedimentos do sangue, mutilações e defeitos, inquietações e deformidades, fobias complexas e deficiências inúmeras constituem pontos de corrigenda do nosso passado que hoje nos restauram à frente do futuro.

_Chico Xavier_

# 10
# O melhor esforço

Todos buscamos, em nossa fé, o dom de servir a Deus.

Entretanto, a cada passo, ante a nossa bagagem de sombra, reconhecemos quão difícil se faz a concretização de nossos desejos, porquanto o nosso repositório de possibilidades guarda somente valores fragmentários e virtudes inexpressivas, que tremem e desaparecem, à maneira da chama frágil que bruxuleia e se apaga ao primeiro golpe de vento.

Nossa fé, quase sempre, não passa de vaga

confiança, entre a firmeza e a indecisão, fanando-se, apressada, nos dias de temporal...

Nossa paciência é carinho confinado ao círculo doméstico, tolerando os mais caros e desmandando-se, em frases rudes, à menor aproximação daqueles que não vêm o mundo por nossos pontos de vista...

Nossa boa vontade é um jardim de exclusivismo incensando aqueles que nos merecem estima e reconhecimento, metamorfoseando-se, à frente dos que não se sintonizam conosco, em deplorável espinheiro de queixas e acusações...

Nosso amor, habitualmente, é simples capricho sentimental acomodando-se com os irmãos de nossa simpatia, de vez que o adversário é invariavelmente o ponto nevrálgico de nossa irascibilidade, arrancando-nos das promessas sublimes, para a cova sombria da maledicência e da aversão.

Nunca sabemos se a nossa humildade vive emoldurada no orgulho e nunca podemos precisar até que ponto caminha a nossa caridade sem o travão do egoísmo.

Assim, se buscamos uma atitude que nos torne agradáveis ao Céu, integremo-nos na atividade incessante do bem, porque servindo e aprendendo sem repousar, não dispomos de tempo para o culto às nossas próprias fraquezas.

Consagremo-nos à tarefa que é nossa, melhorando-nos cada dia e, entre a renúncia aos nossos desejos e o serviço incansável aos nossos semelhantes, descobriremos em nós mesmos a inexprimível felicidade de quem encontrou na vida o esforço mais nobre e mais agradável a Deus.

Chico Xavier

# 11
# Inimigo real

GERALMENTE, TODOS OS NOSSOS ADVERsários, no fundo, são nossos instrutores.

À maneira do martelo que, tangendo a pedra, acaba aperfeiçoando-lhe os contornos ou salientando-lhe a beleza, aquele que se coloca em oposição à nossa maneira de crer, sentir ou pensar, frequentemente é fator de estímulo à elevação de nossos dotes pessoais.

O invejoso, invariavelmente, ensina-nos a prudência, o despeitado nos induz ao aprimoramento próprio. O caluniador nos auxilia a marchar no caminho reto e o perseguidor gratuito nos auxilia a perseverar no bem.

Assim, então, se um inimigo poderoso devemos identificar junto de nós, na estrada do mundo – inimigo que nos arma as piores ciladas e nos constrange a cair nas mais escuras armadilhas do remorso e da dor –, esse é o nosso próprio Eu, adversário terrível de nossa verdadeira felicidade, sempre imantado à concha de sombras em que se refugia, sob as paredes da indiferença.

Combatamos a nós mesmos cada dia, em nome do bem que abraçamos.

Não vale afirmar sem exemplo, nem sonhar sem trabalho.

Adquirir conhecimentos superiores para adorá-los com o incenso de nosso personalismo é transformar a vida em êxtase delituoso, quando a Terra nos pede rendimento de esforço para a obra do Bem Infinito.

Guerreemos o inimigo que se oculta, armado de astúcias mil, na fortaleza de nossa animalidade multissecular, dando caça às suas manifestações de inferioridade, com os dissolventes da compreensão, do trabalho, da bondade e do amor e, asfixiando-lhe o ignominioso comando, que tantas vezes nos tem arrojado aos despenhadeiros do crime das reparações dolorosas, ouçamos, nas torres de nossa alma, a voz do Cristo, o único mentor capaz de conduzir-nos à bênção íntima da imperecível libertação.

*Chico Xavier*

# 12
## Jugo mental

Repara, enquanto é cedo, o jugo mental a que te prendes.

Gravitando em torno da sociedade terrestre, encontramos milhões de criaturas desencarnadas, nos mais dolorosos tipos de escravidão, juguladas pelas teias comburentes da angústia e da crueldade, no cárcere da ignorância de que fizeram no mundo a própria razão de ser.

No corpo físico, engodavam-se na superfície do reconforto.

Na esfera espiritual, acordam na verdade

profunda que lhes solicitava exame e entendimento.

Sacerdotes, que se iludiam na superestimação dos próprios valores, despertam retardados e infelizes, buscando alçar o nível da caridade à sistemática adoração em que se encravaram, desprevenidos.

Médicos, que obscureciam a mente com a visão do lucro fácil, a detrimento da saúde dos semelhantes, reencontram-se em desespero, disputando a felicidade de servir, para reaprenderem o apostolado da cura.

Juízes, que ensombraram as próprias ideias no mercado das consciências, ressurgem dentro de si mesmos, entre remorsos e lágrimas, procurando o caminho de retorno à verdadeira justiça.

Pais humanos, que mentiram à própria alma, acalentando nos filhos o devotamento à facilidade e ao dinheiro, retomam-se na realidade amargosa, regressando ao lar de que foram espiritualmente alijados, pela ingratidão ou pela censura, tentando reconduzir os próprios rebentos à bênção do trabalho honesto, em supremo esforço de redenção da família.

Mulheres notáveis pela inteligência e pelas virtudes domésticas, que enevoaram os sentimentos com a deserção da maternidade sublime, choram as oportunidades perdidas, buscando missões de dor e sacrifício ao pé de criancinhas desesperadas, através de renúncias dilacerantes.

Se procuras, assim, o clima da Vida Eterna, ao Sol da Nova Revelação, oferece teus ombros ao jugo do Cristo, entre as obrigações que a fé te preceitua no caminho do bem incondicional e constante, porque a existência na Terra é também empréstimo do Céu com receita e despesa, compromisso e pagamento, e apenas sob a cruz leve do nosso dever para com Jesus, agora, é que evitaremos a cruz asfixiante e destruidora que as paixões desgovernadas talharão para nosso espírito, no tempo atormentado que virá fatalmente depois.

Chico Xavier

# 13
# Justiça e amor

Enquanto alimentamos o mal em nossos pensamentos, palavras e ações, estamos sob os choques de retorno das nossas próprias criações, dentro da vida.

As dores que recebemos são a colheita dos espinhos que arremessamos.

Agora ou amanhã, recolheremos sempre o fruto vivo de nossa sementeira.

Há plantas que nascem para o serviço de um dia, quais os legumes que aparecem para o serviço da mesa, enquanto outras surgem para as obras importantes do tempo, quais as grandes árvores, nutridas pelos séculos, destinadas à solução dos nossos problemas de moradia.

Assim, também praticamos atos, cujos reflexos nos atingem, de imediato, e mobilizamos outros, cujos efeitos nos alcançarão, no campo do grande futuro.

Em razão disso, enquanto falhamos para com as Leis que nos regem, estamos sujeitos ao tacão da justiça.

Só o amor é bastante forte para libertar-nos do cativeiro de nossos delitos.

A Justiça edifica a penitenciária.

O amor levanta a escola.

A justiça tece o grilhão.

O amor traz a bênção.

Quem fere a outrem encarcera-se nas consequências lamentáveis da própria atitude.

Quem auxilia adquire o tesouro da simpatia.

Quem perdoa eleva-se.

Quem se vinga desce aos despenhadeiros da sombra.

Tudo é fácil para aquele que cultiva a verdadeira fraternidade, porque o amor pensa, fala e age, estabelecendo o caminho em que se arrojará, livre e feliz, à alegria da Vida Eterna.

Quem deseje, pois, avançar para a Luz, aprenda a desculpar, infinitamente, porque o céu da liberdade ou o inferno da condenação residem na intimidade de nossa própria consciência.

Por isso mesmo, o Mestre Divino ensinou-nos a pedir na oração dominical: – "Pai, perdoa as nossas dívidas, assim como devemos perdoar aos nossos devedores."

Chico Xavier

# 14
# Ver

A VISÃO NÃO É EXCLUSIVAMENTE DOS olhos. Refletir é ver com a consciência.

Imaginar é ver com o sentimento.

Calcular é ver com o raciocínio.

Recordar é ver com a memória.

Por isso mesmo, a visão é propriedade vasta e complexa do espírito que se amplia e se enriquece, constantemente, à medida que poderes e emoções se nos desenvolvem e aperfeiçoam.

Quem deseje realizar aquisições psíquicas

de clarividência, com proveito, nos celeiros da vida, ilumine o próprio coração, a fim de que o entendimento em se exteriorizando, através de nossos sentidos, nos regenere o mundo interior, reajustando-nos o idealismo e equilibrando-nos os desejos, na direção do Bem Infinito.

Quem procura o "lado melhor" dos acontecimentos, a "parte mais nobre das pessoas" e a "expressão mais útil das coisas" está conquistando preciosos acréscimos da visão espiritual.

Enquanto nos confiamos às paixões perturbadoras, tateando nas trevas do egoísmo ou do ódio, varando o gelo da indiferença, atravessando o incêndio da incompreensão e do desvario ou vencendo os pântanos do desregramento e da intemperança, não poderemos senão ver superficialmente os problemas inquietantes e dolorosos que à Terra se ajustam.

Façamos luz no espírito e conseguiremos descobrir os horizontes da própria imortalidade.

Todos enxergam alguma coisa na vida comum, entretanto, raros sabem ver.

Ajustemo-nos aos princípios do Vidente Divino, que soube contemplar as necessidades humanas, com amor e perdão, do alto da Cruz, e, por certo, começaremos, desde agora, a penetrar na claridade sublime de nossa própria ressurreição.

Chico Xavier

# 15

# Variações sobre a caridade

CARIDADE QUE ANUNCIA OS PRÓPRIOS méritos é serviço ameaçado pela vaidade.

Caridade que auxilia para furtar-se às obrigações do trabalho é inclinação à preguiça.

Caridade que se expressa para dominar o pensamento e a conduta dos outros é tirania de espírito.

Caridade que ampara com o objetivo de mostrar-se superior é fruto isolado em espinheiros do orgulho.

Caridade que pede remuneração é fonte poluída pelo fel da exigência.

Caridade que dá para receber é bondade com propósitos subalternos.

Caridade limitada aos familiares e amigos é tisnada de paixão.

Caridade que socorre e não perdoa é uma porta de ouro para a introdução à crueldade.

Caridade com repetidas lamentações é caminho para o desânimo.

Caridade que beneficia desesperando é inquietação e impaciência.

A caridade legítima jamais aparece concorrendo aos tributos da gratidão, nunca reclama, não se ensoberbece, não persegue, não se lastima, não odeia e nunca desencoraja a ninguém.

Se desejamos caminhar em companhia da divina virtude, cultivêmo-la, em silêncio, no coração, à maneira do Herói do Amor Infinito que, para revelar-nos a caridade pura, entregou-se, confiante, à Vontade de Deus, pela morte na cruz.

Vale-te das bênçãos do olvido temporário e dos valores potenciais de cada dia, trabalhando em favor da própria elevação, porque, mais tarde, a memória ser-te-á restaurada no santuário interno e abençoarás a dor e a luta de agora por preciosos recursos de reajuste, concórdia e sublimação.

Chico Xavier

# 16
# Pela boca

AQUILO QUE SAI DA BOCA – DIZ-NOS O
Evangelho – precisa merecer-nos tratamento
especial.

As viandas com que o homem, muitas vezes, ameaça a própria saúde, prejudicam apenas a ele mesmo, quando a frase contundente
ou o grito de cólera podem alcançar toda uma
assembleia de corações, determinando enfermidade e desequilíbrio.

É pela boca que vazamos da alma des-
prevenida os tóxicos da maledicência e é ainda

por ela que arrojamos de nosso desespero os espinhos da discórdia que levantam trincheiras sombrias, entre irmãos chamados por Jesus à sementeira do amor.

É da boca que saltam de nosso sentimento mal conduzido as serpentes invisíveis da calúnia, envenenando a vida por onde passam e é ainda por intermédio dela que operamos o exame insensato das consciências alheias, apressando julgamentos da esfera exclusiva d'Aquele Justo Juiz que preferiu a morte na cruz para não nos condenar em toda a extensão de nossas fraquezas.

Mas, também é pela boca que exteriorizamos a ternura e a compreensão que restauram e fortalecem e é ainda por ela que externamos a fraternidade que nos imanta uns aos outros, à frente da Lei.

É pela boca que aprendemos a auxiliar aos nossos semelhantes e é ainda por ela que clamamos para o Céu, suplicando socorro e misericórdia.

Vejamos, assim, o que fazemos da palavra para que a palavra não nos destrua.

Mobilizemos nossos valores verbalísticos na exaltação do bem, com esquecimento de todo o mal.

A língua revela o conteúdo do coração.

Saibamos, então, modular nossa voz na bênção da serenidade e elevar nossa frase sobre o pedestal do amor que nos cabe estender ao próximo.

Caridade que não sabe começar pela boca dificilmente se expressará com segurança, através das mãos.

Entronizemos o verbo respeitoso e digno em nosso campo íntimo e estruturemos nossa frase no santo estímulo ao melhor que possuímos, para que possamos receber dos outros o melhor que possuem e estaremos com Jesus, construindo pela nossa conversação os sólidos alicerces de nossa alegria e de nossa paz.

Chico Xavier

# 17
# Pensamento cristão

O MUNDO É A MATERIALIZAÇÃO DO PEN-
samento divino e a natureza é o trono da sabe-
doria sem palavras em que as leis do Senhor se
manifestam.

Nós, criaturas do Eterno Pai, filhos de Sua
inteligência e do Seu amor, somos igualmente
cocriadores, no princípio inalienável da he-
rança, e, por isso mesmo, o pensamento que
alimentamos é força viva e aglutinante a mo-
delar-nos o destino.

Antes da energia sub-atômica, possuímos

o mundo das unidades-força, em que as linhas imponderáveis da criação espiritual se movimentam, precedendo a química celular e tecendo os fios sublimes da origem de nossas experiências...

Até agora, considerando a atualidade do cristianismo, embora os quase vinte séculos que lhe assinalam o berço, pensávamos em termos de violência, na disputa dos bens transitórios de nossa temporária residência na Terra...

Até hoje, cultuamos o poder da astúcia, categorizando-o por exaltação do raciocínio e entronizamos a crueldade prestigiada de louros, interpretando os triunfos sanguinolentos do mundo, à conta de inarredável soberania...

Jesus, porém, veio renovar-nos a vida mental, oferecendo-nos o verdadeiro caminho de ascensão à imortalidade redentora.

"Auxilia a quem te persegue."

"Ora por aqueles que te caluniam."

"Dá sem esperar retribuição."

"Perdoa setenta vezes sete vezes."

"A quem te pedir a capa, oferece também a túnica."

"Segue dois mil passos com o irmão que te roga a caminhada de mil."

A mensagem do Evangelho não é apenas o alicerce da religião universal do amor, mas, também a base da ciência e da filosofia, suscetíveis de realizar-nos o soerguimento às Esferas Superiores.

Se procuras a luz para que te afastes da sombra, levanta-te do vale em que as ideias se te cristalizam, no círculo vicioso das concepções retardadas que nos encarceram a alma nas grades de perigosas ilusões...

Façamos, de nossa indagação cultural, serviço incessante no bem, conduzamos o experimento científico na senda do aperfeiçoamento que nos cabe atingir e, elegendo no Pensamento do Cristo, o centro de nossa vida interior, estejamos convencidos de que construiremos adequado caminho no espaço e no tempo para alcançarmos, enfim, a alegria imperecível a que o Senhor nos destina em plena Imortalidade.

Chico Xavier

# 18
# Hoje é o dia

AINDA QUE TE ENCONTRES INTEIRAMEN-
te penhorado à justiça, à face dos débitos em
que te resvalaste até ontem, lembra-te de que o
Amor Infinito do Pai Celestial te concede a bênção do "hoje" para que possas solver e renovar.

O penitenciário na grade que o exclui do
convívio doméstico pode, por seu comportamento, gerar a compaixão e a simpatia daqueles
que o observam, caminhando com mais segurança no retorno à própria libertação.

O enfermo algemado ao catre do infortúnio, pelo respeito com que recebe os desígnios divinos, pode amealhar preciosos valores em auxílio e cooperação, em favor da própria tranquilidade.

E ambos, o prisioneiro e o doente, no esforço de reconquista, pela nobreza com que recolhem as dores das próprias culpas, estendem a outras almas os benefícios que já entesouram.

Recorda, assim, que o dia de melhorar é este mesmo em que nos achamos, uns à frente dos outros, respirando o mesmo clima de regeneração e de luta.

Nem ontem, nem amanhã, mas agora...

Agora é o momento de levantar os caídos e os tristes, e de amparar os que padecem o frio da adversidade e a tortura da expiação...

Agora, é o instante de revelar paciência com os que se tresmalharam no erro, de cultivar humildade à frente do orgulho e devotamento fraternal diante da insensatez...

Ainda que tudo te pareça, na atualidade

terrestre, sombra e derrota, cadeia e desalento, ergue a Deus o teu coração em forma de prece e roga-lhe forças para fazer luz e confiança onde a treva e o desespero dominam, porque, se ontem foi o tempo de nossa morte na queda, hoje é o dia de nossa abençoada ressurreição.

Chico Xavier

# 19
# Fórmula do progresso

As criatura humanas autênticas que ainda não atingiram elevados graus de virtudes e nem mais se comprazem nas faixas dos sentimentos primitivistas, frequentemente esbarram com indagações complexas de si para si mesmas.

Como adquirir a tranquilidade perfeita se não são anjos e como evitar a permanência em desequilíbrio se já não querem viver sob o império dos instintos desenfreados?

Aí é forçoso entre em função o nosso próprio senso de aspirantes à Vida Superior.

Não existe alma que não haja, algum dia, experimentado hesitações, deficiências, enganos ou faltas na escola.

E toda elevação do aprendiz, em qualquer educandário, resulta de menos erros e mais acertos nas experiências e lições que lhe cabem, a serem verificados em testes múltiplos que se sucedem uns aos outros.

Nesse critério, não há motivo para qualquer de nós cair em desânimo ou adotar desistência no trabalho da ascensão espiritual.

Hoje teremos colaborado menos no serviço do bem, no entanto, reconhecendo isso, amanhã ser-nos-á possível fazer mais.

Notei que ontem se me fez maior a intemperança mental diante dos outros, mas, observando semelhante deficiência, posso hoje retificar-me e ser menos agressivo, à frente dos meus irmãos de experiência e caminho.

Agora terá sido o momento que menos me decidi a praticar ponderação, entretanto, sabendo isso, devo, na primeira oportunidade, agir segundo os preceitos do equilíbrio, conforme os princípios do respeito mútuo que me compete observar.

Encerrei a semana passada em condições deficitárias na execução dos meus compromissos de ordem geral, no entanto, anotando essa falha, na semana presente posso aplicar-me muito mais ativamente à desincumbência dos meus próprios encargos a meu próprio benefício.

Na senda da evolução, é preciso efetivamente aceitar-nos imperfeitos tais quais somos, mas, é igualmente necessário não parar simplesmente nisso e, sim, melhorar-nos constantemente, aprendendo e estudando, trabalhando e servindo, sob a fórmula do progresso: – "Errar menos para acertar sempre mais."

Chico Xavier

# 20
# Evangelho em casa

QUANTO PUDERES, MANTÉM-TE NO GRUPO doméstico do Evangelho.

A grande lavoura, no campo enorme, não prescinde do viveiro minúsculo para as sementes.

Os homens que fulguram nos cenáculos da fama precisam do pequenino espaço de um lar, em que se refaçam para a luta.

A ascensão da cultura exige o incessante intercâmbio com o livro.

Assim também, a obra da espiritualidade em nossa vida.

Indiscutivelmente, podemos partilhar o serviço precioso das doutrinações espetaculares, integrando a equipe dos pregadores ou a assembleia dos ouvintes, mas não podemos dispensar a fonte oculta do estímulo à compreensão e à fraternidade, entre os corações mais extremamente afinados com o nosso.

O culto público da fé religiosa é o mostruário brilhante do conhecimento e da educação, mas, o culto em casa é a laboriosa oficina de aperfeiçoamento do caráter, na qual perdemos antigas e contundentes arestas, melhorando-nos em espírito, uns à frente dos outros.

Atendamos, assim, ao grupo familiar do Evangelho que nos corrige atitudes e elimina defeitos, auxiliando-nos a atrair entidades amigas do bem e a conquistar os valores da simpatia, que constituem os alicerces da nossa verdadeira felicidade.

No templo da fé pública, instruirás o raciocínio.

Na igreja em casa, elevarás o sentimento.

No santuário da praça, o Mestre nos fala à inteligência, mas, no altar doméstico, o Senhor nos fala ao coração.

Chico Xavier

# FRANCISCO CÂNDIDO XAVIER

Nasceu em Pedro Leopoldo (MG), no dia 2 de abril de 1910. Perdeu a querida mãe aos cinco anos de idade, quando teve início a sua mediunidade: via e conversava com ela. Em janeiro de 1919 começou a frequentar o Grupo Escolar, onde ouvia vozes de Espíritos. E aos 12 anos, psicografou, no quadro-negro da escola, linda mensagem, praticamente impossível de ser escrita por uma criança dessa idade.

Aos 22 anos, já tinha sua primeira obra publicada: "Parnaso de Além-Túmulo", ditada por Espíritos da mais alta estirpe da literatura brasileira e portuguesa. E outros livros se sucederam pelos Espíritos André Luiz, Emmanuel, Bezerra de Menezes, Humberto de Campos, Casimiro Cunha, Neio Lúcio, Meimei, Maria Dolores, e outros tantos de elevada moral cristã, além de irmãos, a trazerem notícias de sua vida no além, consolando saudosos corações.

No ano de 1959, Chico transferiu-se para Uberaba (MG), aposentando-se em 1963, após 30 anos de serviços prestados como auxiliar de serviço na antiga Inspetoria Regional do Serviço de Fomento da Produção Animal, órgão do Ministério da Agricultura.

E sua divina tarefa continuou sem que um precioso minuto fosse perdido, apesar de todas as suas dificuldades físicas, vindo a psicografar 412 obras, em mais de 25 milhões de exemplares, todas com os direitos autorais cedidos a entidades assistenciais. Ressaltamos, ainda, a sua incansável dedicação em benefício dos mais necessitados, atendendo, semanalmente, a centenas de pessoas na Vila dos Pássaros, com alimentos e palavras de conforto e esperança.

Francisco Cândido Xavier desencarnou em 30 de junho de 2002, deixando a todos um exemplo de vivência e amor ao próximo como um verdadeiro seguidor do Mestre Jesus.

# IDE | Conhecimento e educação espírita

No ano de 1963, Francisco Cândido Xavier ofereceu a um grupo de voluntários o entusiasmo e a tarefa de fundarem um periódico para divulgação do Espiritismo. Nascia, então, o Instituto de Difusão Espírita - IDE, cujos nome e sigla foram também sugeridos por ele.

Assim, com a ajuda de muitas pessoas e da espiritualidade, o Instituto de Difusão Espírita se tornou uma entidade de utilidade pública, assistencial e sem fins lucrativos, fiel à sua finalidade de divulgar a Doutrina Espírita, por meio de livros, estudos e auxílio (material e espiritual).

Tendo como foco principal as obras básicas de Allan Kardec, a preços populares, a IDE Editora possui cerca de 300 títulos, muitos psicografados por Chico Xavier, divulgando-os em todo o Brasil e em várias partes do mundo.

Além da editora, o Instituto de Difusão Espírita também se desenvolveu em outras frentes de trabalho, tanto voltadas à assistência e promoção social, como o acolhimento de pessoas em situação de rua (albergue), alimentação às famílias em momento de vulnerabilidade social, quanto aos trabalhos de evangelização infantil, mocidade espírita, artes, cursos doutrinários e assistência espiritual.

Ao adquirir um livro da IDE Editora, além de conhecer a Doutrina Espírita e aplicá-la em seu desenvolvimento espiritual, o leitor também estará colaborando com a divulgação do Evangelho do Cristo e com os trabalhos assistenciais do Instituto de Difusão Espírita.

www.idelivraria.com.br

Conversando sobre o
# ESPIRITISMO

***Quais as bases do Espiritismo?***

A Doutrina Espírita estrutura-se na fé raciocinada e no Evangelho de Jesus, com sólidos fundamentos nos seguintes princípios: a) Existência de Deus; b) Imortalidade da alma; c) Pluralidade das existências ou reencarnação, impulsionadora da evolução; d) Comunicabilidade dos Espíritos através da mediunidade, capacidade humana de intercâmbio entre os dois planos da vida; e) Pluralidade de mundos habitados.

***Espiritismo é uma ciência, filosofia ou religião?***

Ele engloba os três aspectos. É ciência que investiga e pesquisa; é filosofia que questiona e apresenta diretrizes para reflexão e é uma religião na prática da fraternidade, do real sentimento de amor ao próximo, tendo, como regra de vida, a caridade em toda a sua extensão, enfim, uma religião Cristã.

***O Espiritismo proclama a crença em Deus, ou nos Espíritos?***

O Espiritismo prega, através de uma convicção firmada na fé raciocinada, na lógica e no bom senso, a existência de Deus como inteligência suprema, causa primeira de todas as coisas, sendo Ele misericordioso, justo e bom, e vem confirmar a imortalidade da alma. Segue os ensinamentos racionais e coerentes dos Espíritos de ordem superior e, principalmente, os de Jesus como único caminho para a evolução espiritual, baseados na caridade, em todas as suas formas, através do amor ao próximo.

***Para onde vamos quando morremos?***

Retornamos ao mundo espiritual, nossa morada original, exatamente de onde viemos. Somos Espíritos e apenas estamos no corpo físico em estágio temporário de aprendizado. No mundo espiritual, reencontraremos os Espíritos com quem nos sintonizamos, daí a importância da vida reta e moralmente digna, desapegada das questões materiais, de coração sem mágoa, vinculada ao bem e ao amor desprendido.

***Se quiser saber mais sobre o Espiritismo, o que devo ler?***

As obras de Allan Kardec, a saber: *O Evangelho Segundo o Espiritismo, O Livro dos Espíritos, O Livro dos Médiuns, O Céu e o Inferno* e *A Gênese.*

**www.idelivraria.com.br**

# idelivraria.com.br

## Pratique o "Evangelho no Lar"

Aponte a câmera do celular e faça download do roteiro do **Evangelho no lar**

Ide editora é nome fantasia do Instituto de Difusão Espírita, entidade sem fins lucrativos.

📷 ideeditora    f ide.editora    🐦 ideeditora

## ◀◀ DISTRIBUIÇÃO EXCLUSIVA ▶▶

📍 Av. Porto Ferreira, 1031 | Parque Iracema
CEP 15809-020 | Catanduva-SP
📞 17 3531.4444   💬 17 99777.7413

📷 boanovaed
▶ boanovaeditora
f boanovaed
🌐 www.boanova.net
✉ boanova@boanova.net

Fale pelo whatsapp

Acesse nossa loja